# ANS MEER

Gedichte

Jan Thorbecke Verlag

# Inhalt

# DIE MÖWE
# UND MEIN HERZ

Hin gen Norden zieht die Möwe,
Hin gen Norden zieht mein Herz;
Fliegen beide aus mitsammen,
Fliegen beide HEIMATWÄRTS.
Ruhig, Herz! du bist zur Stelle;
Flogst gar rasch die weite Bahn –
Und die Möwe schwebt noch rudernd
Überm weiten Ozean.

*Theodor Storm (1817–1888)*

# ABENDDÄMMERUNG

Am blassen Meeresstrande
Saß ich gedankenbekümmert und einsam.
Die Sonne neigte sich tiefer, und warf
Glührote Streifen auf das Wasser,
Und die weißen, weiten Wellen,
Von der Flut gedrängt,
Schäumten und rauschten näher und näher –
Ein seltsam Geräusch, ein Flüstern und Pfeifen,
Ein Lachen und Murmeln, Seufzen und Sausen,
Dazwischen ein wiegenliedheimliches Singen –
Mir war, als hört ich verschollne Sagen,
Uralte, liebliche Märchen,
Die ich einst, als Knabe,
Von Nachbarskindern vernahm,
Wenn wir am Sommerabend,
Auf den Treppensteinen der Haustür,
Zum stillen Erzählen niederkauerten,
Mit kleinen, horchenden Herzen
Und neugierklugen Augen; –
Während die großen Mädchen,
Neben duftenden Blumentöpfen,
Gegenüber am Fenster saßen,
Rosengesichter,
Lächelnd und mondbeglänzt.

*aus: Die Nordsee, Heinrich Heine (1797–1856)*

# LIED VOM MEER

Capri. Piccola Marina

Uraltes Wehn vom Meer,
Meerwind bei Nacht:
du kommst zu keinem her;
wenn einer wacht,
so muss er sehn, wie er
dich übersteht:
uraltes Wehn vom Meer
welches weht
nur wie für Ur-Gestein,
lauter Raum
reißend von weit herein ...

O wie fühlt dich ein
treibender Feigenbaum
oben im Mondschein.

*Rainer Maria Rilke (1875–1926)*

# AM MEER,
# IN DESSEN STURM
# MUSIK ICH FAND …

O welche Lust im Wald, pfadlos, verschlungen!
O welch Entzücken am entlegnen Strand!
Dort ist Gesellschaft, die nicht aufgedrungen.
Am Meer, in dessen Sturm Musik ich fand!
Den Menschen lieb ich, doch noch mehr verstand
ich die Natur; mit ihr will ich nicht fragen,
was ich wohl könnte sein, einst war! Verwandt
durch sie dem All, fühl ich, was auszusagen
ich nicht vermag, noch ganz mit Schweigen kann
    ertragen.

Glorreicher Spiegel, wo im Wettersausen
blickt des Allmächt'gen Bild! Zu allen Zeiten,
still und bewegt, im Hauch, im Sturm, im Brausen,
am eisgen Pol, in glutdurchflammten Weiten,
nachtdunkel, endlos, hehr, – der Ewigkeiten
erhabnes Bild, der Unsichtbaren Schrein!
Des Abgrunds Ungeheuer selbst entgleiten
Bloß deinem Schleim entsprosst! Allwärts herrscht dein
Gesetz! So wogst du fort, hehr, bodenlos, allein!

Ja, dich hab ich geliebt! Schon frohe Lust
des Knaben war's, an deinem Busen hangen
wie deine Blasen; lüften meine Brust
in deiner Wogen Brandung! Sie durchdrangen
mit Wonnen mich; und fühlt' ich auch ein Bangen
in kühler Flut, süß war, was ich empfand;
dein Kind ja war ich dann, von dir umfangen;
vertraut den Wellen nah und ferne, wand
In deine Mähne, so wie jetzt, ich meine Hand.

*aus: Ritter Harolds Pilgerfahrt, 4. Gesang, Strophen 178, 183, 184, Lord Byron (1788–1824), übersetzt von Joseph Christian von Zedlitz (1785–1850)*

# GOODWIN-SAND

Das sind die Bänke von Goodwin-Sand,
sie sind nicht Meer, sie sind nicht Land,
sie schieben sich, langsam, satt und schwer,
wie eine Schlange hin und her.

Und die Schiffe, die mit dem Sturm gerungen
und die schäumende Wut der Wellen bezwungen,
und die gefahren über die Welt,
unzertrümmert, unzerschellt,
sie sehen die Heimat, sie sehen das Ziel,
da schiebt sich die Schlange unter den Kiel
und ringelt Schiff und Mannschaft hinab,
zugleich ihr Tod, zugleich ihr Grab.

Die See ist still, die Ebb' ist nah,
Mastspitzen ragen hier und da,
und wo sie ragen in die Luft,
da sind es Kreuze über der Gruft;
ein Kirchhof ist's, halb Meer, halb Land, –

das sind die Bänke von Goodwin-Sand.

*Theodor Fontane (1819–1898)*

# DER MENSCH
# UND DAS MEER

Freier mensch! das meer ist dir teuer allzeit ·
Es ist dein Spiegel · das meer · du kannst dich beschauen
In seiner wellen unendlichem rollendem grauen ·
In deinem geist ist ein abgrund nicht minder weit.
Gerne versenkest du dich tief in dein bild ·
Ziehst es an dich mit auge und hand – deine sinne
Halten manchmal im eigenen tosen inne
Bei dem geräusch dieser klage unzähmbar und wild.

Beide lebt ihr in finstrer und heimlicher flucht.
Mensch noch sind unerforscht deine innersten gründe!
Meer noch sind unentdeckt deine kostbarsten Schlünde!
Euer geheimnis bewahrt ihr mit eifersucht.

Und seit unzähligen jahren rollet ihr weiter
Ohne mitleid ohne reuegefühl·
So sehr liebet ihr blut und totengewühl –
Unversöhnliche brüder! ewige streiter!

*Charles Baudelaire (1821–1867)*
*übersetzt von Stefan George (1868–1933)*

# IM MONDENGLANZE
# RUHT DAS MEER

Im Mondenglanze ruht das Meer,
Die Wogen murmeln leise;
Mir wird das Herz so bang und schwer,
Ich denk der alten Weise,
Der alten Weise, die uns singt
Von den verlornen Städten,
Wo aus dem Meeresgrunde klingt
Glockengeläut und Beten –
Das Läuten und das Beten, wisst,
Wird nicht den Städten frommen,
Denn was einmal begraben ist,
Das kann nicht wiederkommen.

*Heinrich Heine (1797–1856)*

Heut bin ich über Rungholt gefahren,
die Stadt ging unter vor fünfhundert Jahren.
Noch schlagen die Wellen da wild und empört,
wie damals, als sie die Marschen zerstört.
Die Maschine des Dampfers zitterte, stöhnte,
aus den Wassern rief es unheimlich und höhnte:
Trutz, blanke Hans.

Von der Nordsee, der Mordsee, vom Festland
geschieden,
liegen die friesischen Inseln im Frieden.
Und Zeugen weltenvernichtender Wut,
taucht Hallig auf Hallig aus fliehender Flut.
Die Möwe zankt schon auf wachsenden Watten,
der Seehund sonnt sich auf sandigen Platten.
Trutz, blanke Hans.

Im Ozean, mitten, schläft bis zur Stunde
ein Ungeheuer, tief auf dem Grunde.
Sein Haupt ruht dicht vor Englands Strand,
die Schwanzflosse spielt bei Brasiliens Sand.
Es zieht, sechs Stunden, den Atem nach innen,
und treibt ihn, sechs Stunden, wieder von hinnen.
Trutz, blanke Hans.

Doch einmal in jedem Jahrhundert entlassen
die Kiemen gewaltige Wassermassen.
Dann holt das Untier tiefer Atem ein
und peitscht die Wellen und schläft wieder ein.
Viel tausend Menschen im Nordland ertrinken,
viel reiche Länder und Städte versinken.
Trutz, blanke Hans.

Rungholt ist reich und wird immer reicher,
kein Korn mehr faßt selbst der größte Speicher.
Wie zur Blütezeit im alten Rom
staut hier täglich der Menschenstrom.
Die Sänften tragen Syrer und Mohren,
mit Goldblech und Flitter in Nasen und Ohren.
Trutz, blanke Hans.

Auf allen Märkten, auf allen Gassen
lärmende Leute, betrunkene Massen.
Sie ziehn am Abend hinaus auf den Deich:
„Wir trutzen dir, blanker Hans, Nordseeteich!"
Und wie sie drohend die Fäuste ballen,
zieht leis aus dem Schlamm der Krake die Krallen.
Trutz, blanke Hans.

Die Wasser ebben, die Vögel ruhen,
der liebe Gott geht auf leisesten Schuhen.
Der Mond zieht am Himmel gelassen die Bahn,
belächelt der protzigen Rungholter Wahn.
Von Brasilien glänzt bis zu Norwegs Riffen
das Meer wie schlafender Stahl, der geschliffen.
Trutz, blanke Hans.

Und überall Friede, im Meer, in den Landen.
Plötzlich wie Ruf eines Raubtiers in Banden:
Das Scheusal wälzte sich, atmete tief
und schloss die Augen wieder und schlief.
Und rauschende, schwarze, langmähnige Wogen
kommen wie rasende Rosse geflogen.
Trutz, blanke Hans.

Ein einziger Schrei – die Stadt ist versunken,
und Hunderttausende sind ertrunken.
Wo gestern noch Lärm und lustiger Tisch,
schwamm andern Tags der stumme Fisch.
Heut bin ich über Rungholt gefahren,
die Stadt ging unter vor fünfhundert Jahren.
Trutz, blanke Hans?

*Detlev von Liliencron (1844–1904)*

# AM STRANDE

Vorüber die Flut.
Noch braust es fern.
Wild Wasser und oben
Stern an Stern.
Wer sah es wohl,
O selig Land,
Wie dich die Welle
Überwand.
Noch braust es fern.
Der Nachtwind bringt
Erinnerung und eine Welle

Verlief im Sand.

*Rainer Maria Rilke (1875–1926)*

# DIE STADT

Am grauen Strand, am grauen Meer
und seitab liegt die Stadt;
der Nebel drückt die Dächer schwer,
und durch die Stille braust das Meer
eintönig um die Stadt.
Es rauscht kein Wald, es schlägt im Mai
kein Vogel ohne Unterlass;
die Wandergans mit hartem Schrei
nur fliegt in Herbstesnacht vorbei,
am Strande weht das Gras.
Doch hängt mein ganzes Herz an dir,
du graue Stadt am Meer;
der Jugend Zauber für und für
ruht lächelnd doch auf dir, auf dir,
du graue Stadt am Meer.

*Theodor Storm (1817–1888)*

# MEERESSTRAND

Ans Haff nun fliegt die Möwe,
Und Dämmrung bricht herein;
Über die feuchten Watten
Spiegelt der Abendschein.

Graues Geflügel huschet
Neben dem Wasser her;
Wie Träume liegen die Inseln
Im Nebel auf dem Meer.

Ich höre des gärenden Schlammes
Geheimnisvollen Ton,
Einsames Vogelrufen –
So war es immer schon.

Noch einmal schauert leise
Und schweiget dann der Wind;
Vernehmlich werden die Stimmen,
Die über der Tiefe sind.

*Theodor Storm (1817–1888)*

# MEERES STILLE

Tiefe Stille herrscht im Wasser,
Ohne Regung ruht das Meer,
Und bekümmert sieht der Schiffer
Glatte Fläche ringsumher.
Keine Luft von keiner Seite!
Todesstille fürchterlich!
In der ungeheuern Weite
Reget keine Welle sich.

*Johann Wolfgang von Goethe (1749–1832)*

# ZWEI SEGEL

Zwei Segel erhellend
Die tiefblaue Bucht!
Zwei Segel sich schwellend
Zu ruhiger Flucht!

Wie eins in den Winden
Sich wölbt und bewegt,
Wird auch das Empfinden
Des andern erregt.

Begehrt eins zu hasten,
Das andre geht schnell,
Verlangt eins zu rasten,
Ruht auch sein Gesell.

*Conrad Ferdinand Meyer (1825–1898)*

# SEGELFAHRT

Nun sänftigt sich die Seele wieder
und atmet mit dem blauen Tag,
und durch die auferstandnen Glieder
pocht frischen Bluts erstarkter Schlag.
Wir sitzen plaudernd Seit an Seite
und fühlen unser Herz vereint;
gewaltig strebt das Boot ins Weite,
und wir, wir ahnen, was es meint.

*Christian Morgenstern (1871–1914)*

# DER SEEFAHRER

Mag ich über mich selbst  ein Lied singen
von Reisen sagen,   wie ich in schweren Tagen
harte Zeiten   oft ertrug,
bittere Sorge in der Brust   erfahren habe,
kennenlernte im Boot   viele Kummerstätten,
furchtbares Wogen und Wellen,   wo mir oft zufiel
ängstliche Nachtwache   am Steven des Schiffs,
wenn es bei einem Kliff trieb.   Von Kälte durchdrungen
waren meine Füße   von Frost gefesselt,
klamm und kalt,   und die Sorgen seufzten
heiß im Herzen,   Hunger im Leib schlug
des Meermüden Mut.
(...)
Wo ich nichts hörte   als die tosende See,
die eiskalte Woge:   Des Schwanes Lied
nahm ich mir zum Spiel,   des Tölpels Ruf
und des Brachvogels Stimme   für das Lachen der Männer,
Möwen, die singen,   für Metgetränk.
Stürme schlugen dort die Steinklippen,   dort antwortete
   ihnen die Seeschwalbe
eisgefiedert;   sehr oft rief der Adler dazu,
der krummschnabelige;   nicht einer der Verwandten
vermochte meinen elenden Sinn   zu trösten.

*Aus: The Seafarer (Verse 1–12;18–26; altenglisch,*
*8.– 10. Jahrhundert)*

# DIE INSELN

Unrast trieb und Abenteuer
Dies verwegne Herz umher –
Jetzt, die müde Hand am Steuer,
Gleit' ich durch gesänftigt Meer;
Such ich, wo in mittaghellen
Stunden, eh' der Tag sich neigt,
Aus dem Gischt der weißen Wellen
Eine Insel hold entsteigt.
Von der Märkte Lärm geschieden,
In die weiße Bucht geschmiegt,
Träum ich, dass der Erde Frieden
Still auf diesem Eiland liegt …
        Isola bella!

Heilig Kunstwerk wuchs die Insel
Aus des Friedensgottes Hand;
Keiner Raubsucht roh Gewinsel
Heult zu ihrem Klippenrand.
Friede strömte allerwegen
Durch gesegnetes Gebiet –
Der Erobrer senkt den Degen,
Wenn er ihren Hafen sieht.
Sanft, wie der Madonna Brüste,
Wölbt sie sich im Glorienschein –
Meine Sehnsucht träumt: Sie müsste
Meinen Enkeln Mutter sein …
        Isola madre!

*Rudolf Presber (1868–1935)*

# AM MEERE

Wie süß ist's, von wonnigen
Lüften umhaucht,
Den Blick in den sonnigen
Aether getaucht,

Entflohen dem eiligen,
Hastigen Tun,
Am Busen des heiligen
Meeres zu ruhn!

Das Herz, wie auf schaukelnden
Wellen der Kiel,
Hintreibend, den gaukelnden
Träumen ein Spiel;

Umkost, von unzähligen
Armen umschmiegt,
Umplätschert, in seligen
Frieden gewiegt.

*Heinrich Leuthold (1827–1879)*

# MÖWENLIED

Die Möwen sehen alle aus,
als ob sie Emma hießen.
Sie tragen einen weißen Flaus
und sind mit Schrot zu schießen.
Ich schieße keine Möwe tot,
ich lass sie lieber leben –
und füttre sie mit Roggenbrot
und rötlichen Zibeben.
O Mensch, du wirst nie nebenbei
der Möwe Flug erreichen.
Wofern du Emma heißest, sei
zufrieden, ihr zu gleichen.

*Christian Morgenstern (1871–1914)*

# AN DER OSTSEE

## SOMMER 1874.

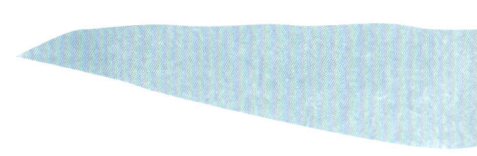

Ruhig sind des Meeres Wogen,
Heißer wird der Sonne Glut,
Ferne senkt der Wolken Bogen
Sanft sich in die nasse Flut.

Hingestreckt am Meeresstrande,
Atm' ich ein den salz'gen Duft;
Kinder schaufeln in dem Sande,
Mücken schwirren in der Luft.

Fische steigen aus dem Grunde
An die Fläche bald empor;
Weiße Perlen in dem Munde
Lugt ein Mägdlein dort hervor.

Sinnt und jetzo lässt sie gleiten
In den Sand ein rotes Buch,
Und ich weiß das Spiel zu deuten
Und das Herz ihr lauter schlug.

Schnell spring' ich auf meine Füße,
Streiche mir zurück das Haar;
Und indem ich höflich grüße,
Reich' ich ihr die Lieder dar.

Dankend nimmt sie hin ihr Eigen,
Und es spinnt sich Wort an Wort;
Erst als sich die Strahlen neigen,
Huscht' die kleine Nixe fort.

*Otto Weddigen (1851–1940)*

# AM MEERE

Nun nimm mich wieder an deine Brust,
Mein altes, geliebtes Meer!
Noch rollst du in Mut und Jugendluft,
Wie da ich dich ließ, einher.

Mir tönt's aus der brandenden Wogen Schwall
Entgegen wie Freundeslaut;
Als liebe Gespielen begrüß' ich sie all,
Die ich seit lang nicht geschaut.

Ich stürze hinein in die schäumende Flut;
Mir jubelt die Seele mit ihr:
Den Knaben, der einst ihr am Busen geruht,
Erkennt sie freudig in mir.

Und wie das Nass, gegeißelt vom Nord,
Die Brust und die Stirne mir kühlt,
Fühl' ich mir leise vom Herzen fort
Den Rost des Lebens gespült.

Die Wangen umkost mir der wirbelnde Schaum,
Es lacht ihn hinweg mein Mund;
Bald schaukelt die Welle mich hoch auf dem Saum,
Bald tauch' ich hinab in den Schlund.

Hinaus! Ins Allunendliche hin!
Das misst' ich so manches Jahr.
Ja, altes geliebtes Meer, noch bin
Ich derselbe, der einst ich war.

*Adolf Friedrich von Schack (1815–1894)*

# DAS FRÄULEIN STAND AM MEERE...

Das Fräulein stand am Meere
Und seufzte lang und bang,
Es rührte sie so sehre
Der Sonnenuntergang.

Mein Fräulein! sein Sie munter,
Das ist ein altes Stück;
Hier vorne geht sie unter
Und kehrt von hinten zurück.

*Heinrich Heine (1797–1856)*

# SONNENUNTERGANG

Die glühend rote Sonne steigt
Hinab ins weitaufschauernde
Silbergraue Weltenmeer;
Luftgebilde, rosig angehaucht,
Wallen ihr nach; und gegenüber,
Aus herbstlich dämmernden Wolkenschleiern,
Ein traurig todblasses Antlitz,
Bricht hervor der Mond,
Und hinter ihm, Lichtfünkchen,
Nebelweit, schimmern die Sterne.
(...)

*aus: Die Nordsee, Heinrich Heine (1797–1856)*

# SEEPFERDCHEN

Als ich noch ein Seepferdchen war,
Im vorigen Leben,
Wie war das wonnig, wunderbar
Unter Wasser zu schweben.
In den träumenden Fluten
Wogte, wie Güte, das Haar
Der zierlichsten aller Seestuten,
Die meine Geliebte war.
Wir senkten uns still oder stiegen,
Tanzten harmonisch umeinand,
Ohne Arm, ohne Bein, ohne Hand,
Wie Wolken sich in Wolken wiegen.
Sie spielte manchmal graziöses Entfliehn,
Auf dass ich ihr folge, sie hasche,
Und legte mir einmal im Ansichziehn
Eierchen in die Tasche.
Sie blickte traurig und stellte sich froh,
Schnappte nach einem Wasserfloh,
Und ringelte sich
An einem Stängelchen fest und sprach so:
Ich liebe dich!

Du wieherst nicht, du äpfelst nicht,
Du trägst ein farbloses Panzerkleid
Und hast ein bekümmertes altes Leid.
Seestütchen! Schnörkelchen! Ringelnass!
Wann war wohl das?
Und wer bedauert wohl später meine restlichen
Knochen?
Es ist beinahe so, dass ich weine –
Lollo hat das vertrocknete, kleine
Schmerzverkrümmte Seepferd zerbrochen.

*Joachim Ringelnatz (1883–1934)*

# SELBSTMORD
# IM FAMILIENBAD

Hier bist Du. Und dort ist die Natur.
Leider ist Verschiedenes dazwischen.
Bis zu Dir herüber wagt sich nur
ein Parfüm aus Blasentang und Fischen.
Zwischen Deinen Augen und dem Meer,
das sich sehnt, von Dir erblickt zu werden,
laufen dauernd Menschen hin und her.
Und ihr Anblick macht Dir Herzbeschwerden.
Freigelassne Bäuche und Popos
stehn und liegen kreuz und quer im Sande.
Dicke Tanten senken die Trikots
und sehn aus wie Quallen auf dem Lande.
Wo man hinschaut, wird den Augen schlecht,
und man schließt sie fest, um nichts zu sehen.
Doch dann sieht man dies und das erst recht.
Man beschließt, es müsse was geschehen.
Wütend stürzt man über tausend Leiber,
bis ans Meer, und dann sogar hinein, –
doch auch hier sind dicke Herrn und Weiber.
Fett schwimmt oben. Muss das denn so sein?
Traurig hängt man in den grünen Wellen,
vor der Nase eine Frau in Blond.

Ach, das Meer hat nirgends freie Stellen,
und der Mensch verhüllt den Horizont.
Hier bleibt keine Wahl als zu ersaufen!
Und man macht sich schwer wie einen Stein.
Langsam lässt man sich voll Wasser laufen.
Auf dem Meeresgrund ist man allein.

*Erich Kästner (1899–1974)*

# DER ALBATROS

Oft kommt es dass das schiffsvolk zum vergnügen
Die albatros · die grossen vögel · fängt
Die sorglos folgen wenn auf seinen zügen
Das schiff sich durch die schlimmen klippen zwängt.

Kaum sind sie unten auf des deckes gängen
Als sie · die herrn im azur · ungeschickt
Die grossen weissen flügel traurig hängen
Und an der seite schleifen wie geknickt.

Er sonst so flink ist nun der matte steife.
Der lüfte könig duldet spott und schmach:
Der eine neckt ihn mit der tabakspfeife ·
Ein andrer ahmt den flug des armen nach.

Der dichter ist wie jener fürst der wolke ·
Er haust im sturm · er lacht dem bogenstrang.
Doch hindern drunten zwischen frechem volke
Die riesenhaften flügel ihn am gang.

*Charles Baudelaire (1821–1867)*
*übersetzt von Stefan George (1868–1933)*

# VERLAGSGRUPPE PATMOS

## PATMOS
## ESCHBACH
## GRÜNEWALD
## THORBECKE
## SCHWABEN

Die Verlagsgruppe
mit Sinn für das Leben

Für die Schwabenverlag AG ist
Nachhaltigkeit ein wichtiger
Maßstab ihres Handelns. Wir
achten daher auf den Einsatz
umweltschonender Ressourcen
und Materialien. Dieses Buch
wurde auf FSC®-zertifiziertem
Papier gedruckt. FSC (Forest
Stewardship Council®) ist eine
nicht staatliche, gemeinnützige
Organisation, die sich für die
ökologische und sozial verant-
wortliche Nutzung der Wälder
unserer Erde einsetzt.

TEXTNACHWEIS
Erich Kästner »Selbstmord im
Familienbad«, erschienen in:
Doktor Erich Kästners lyrische
Hausapotheke © Atrium Verlag,
Zürich 1936 und Thomas Kästner

BILDNACHWEIS
S. 7, 25, 31, 45 Harald Bieker
Fotolia: Vorsatz M. Schröder;
S. 9 Enrico de Vita; S. 12/13
Gail Johnson; S. 15 caco;
S. 17 LuckyPhoto; S. 39 Hazel
Proudlove; S. 60/61 Rita Robinson;
Nachsatz JM Fotografie
Mauritius Images: S. 27 Alamy;
S. 28/29 imagebroker/Wolfgang
Diederich; S. 35 purestock;
S. 41 imagebroker/Sabine Lubenow;
S. 48 beyond fotomedia; S. 52/53
Christian Bäck; S. 63 Bluegreen
Pictures
Photocase: S. 5 flo; S. 19
behrchen; S. 23 zach; S. 33
HerrSpecht; S. 37 tundkadrian;
S. 43 blonderdani; S. 51 Fotoline

Gestaltung: Finken & Bumiller,
Chandima Soysa
Umschlagabbildung:
Photocase: Nordreisender
Illustration: Finken & Bumiller,
Chandima Soysa
Druck: Offizin Andersen Nexö,
Zwenkau
Hergestellt in Deutschland
ISBN 978-3-7995-0744-8